17 Gedichte
im kleinen grünen Buch

Peter Salomon

wurde 1947 in Berlin geboren und lebt in Konstanz am Bodensee.
Zu seiner Person und zum literarischen Werk siehe:
https://de.wikipedia.org/wiki/Peter_Salomon
https://www.literaturport.de/lexikon/peter-salomon/

Peter Salomon

17 gereimte Gedichte
im kleinen grünen Buch

mit Bildern von

Wolfgang Brenneisen

edition imme

FSC
www.fsc.org
MIX
Papier aus ver-
antwortungsvollen
Quellen
Paper from
responsible sources
FSC® C105338

Inhalt

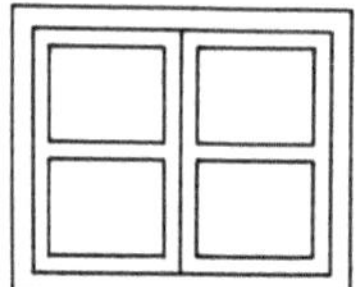

Im Winter

Schreib`s auf oder lass es bleiben.
Es kommt auf dasselbe raus.
Der Schnee friert an den Scheiben
Und Eisblumen – ei der Daus!

Als Zuschauer meines Verschwindens
Halt ich die Augen geschlossen
Eine Simulation des Erblindens
Glatt ins Schwarze getroffen.

Kommt noch ne dritte Strophe?
Schreib`s auf oder lass es bleiben.
Es ist keine Katastrophe.
Der Schnee friert an den Scheiben –

Hochseil

Hallo, ihr Vielfahrer und Falschparker
Ihr Moped-Ritter und Radler,
Ihr Typen auf zwei Rädern und Vieren
Jetzt wollen wir etwas auf dem Hochseil jonglieren.

Auf dem Hochseil der Dichtung, versteht sich.
Das Seil ist gespannt, aber nicht richtig.
Jetzt muss einer von euch Rasern drüber
Fahren, sonst ist er hinüber

Wenn er, statt zu fahren, fällt.
Schwierig, ja schwierig sind Kunst und Welt –

Bäh!

Hunde die an Bäumen schnüffeln
Haken die in Wänden stecken
Schüler die aufs Abi büffeln
Lassen sich nicht gern erschrecken.

Ich sage "Bäh!" Der Hund schaut kurz
Der Haken bleibt ruhig stecken
Den Schülern ist der Dichter schnurz
Sie lassen sich nicht schrecken.

Nun mache ich die dritte Strophe
Das Gedicht wird immer dichter
Man kann`s schon riechen. Eine doofe
Trauer überkommt Hunde Haken Dichter –

Die kaputte Brille

Ich hab meine Brille nicht auf.
Ich kann nicht viel sehn.
Aber wenn Du`s bist Jane
Sei leise und komm rauf.

Setz Dich hin. Trink`n Schluck Tee
Ich dachte erst, Du bist Jane.
Hast Du sie heute schon gesehn?
Ich nicht. Ich geh

Jetzt mal in die Stadt
Durchsuche die Kneipen etcetera.
Die Nacht ist klar. Es ist Föhn.

Beim Tor vom Hallenbad
Wenn ich besser sehn könnte, da-
Hinten, vielleicht wär das Jane?

Hinter der Kieshalde

Hinter der Kieshalde die Trabantenstadt
Und gar mit KUNST AM BAU.
Ein großer Klotz, blau angemalt; Name:
"Beton in Preußischblau".

Der Kinderspielplatz verziert mit einer Rotzeder.
Männer schlagen mit Stangen
In die Baumkrone, als ob sie Nüsse trage.
Grillen zirpen. Entweder

Baggersee. In flachen Lachen laufen Wellen
Auf die Uferstraße. Mit sommerhellem
Licht leuchten Lampen. Penner machen Gelaber.
Autos heulen. Aber

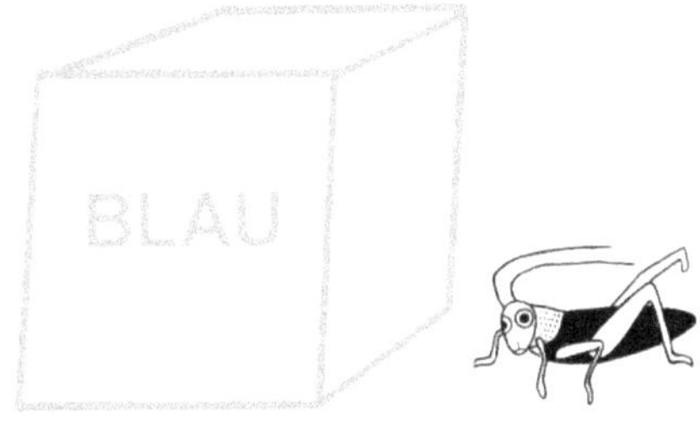
BLAU

Ich lege bloß den Stift hin

16

Ich lege bloß den Stift hin
Dann schreibt er von allein
Und sucht sich seinen Unsinn
Wie alte Kartoffeln das Schwein.

Es finden sich die Worte
Ganz von alleine ein.
Sie treiben etwas Sporte
Und reimen ohne Schleim.

Sie sitzen wie begossen
Und blasen in ihr Horn
Wie in die Luft geschossen
Die Wirkung ist enorm.

Die Sprache strömt beständig
Ein ungeklärter Fluss
Sie dichtet ab inwendig.
Schreiben ist kein Muss –

Das Küken

Dem Ei, das unter der Henne lag
Entschlüpft ein Küken klein und zart.

Es springt ganz froh und munter rum
Doch ist`s wohl noch ein bisschen dumm.

Es frisst statt Korn nur Packpapier
Weil`s klein ist kann es nichts dafür.

Wenn`s größer ist, hat es vergessen
Dass früher es Papier gefressen.

1954

Sparschwein

Schnuppel Schnuppel Schweinchen
Hat vier kleine Beinchen

Kopf und Rüssel, Schwanz und auch
Einen großen Wackelbauch.

Und am Rücken wo`s nicht beißt
Wird ein Euro rein geschmeißt.

Klimper klamper alle Tag
Bis es nicht mehr fressen mag.

Bis es nicht mehr wackeln kann
Denn es wird zerhackelt dann –

Die Mäntel der Verträglichkeit

23

Um verträglich zu sein tragen wir Mäntel.
Denn bloß in Hosen gibt es Streit.
Ja, wir mögen keine Händel.
In weiten Mänteln sind wir all right.

Mäntel sind für Dichter knorke.
Mäntel stehn unter Copyright.
Sind die Verse auch Gegurke
Ein dicker Mantel bleibt –

Mein inneres Auge

Mein inneres Auge sieht dies und das.
Mein inneres Auge ist blau und blass.

Vor ihm liefen schon ganze Filme ab.
Das innere Auge sieht bis ins Grab.

Mein inneres Auge hat schon viel gesehen
Besonders wenn wir auf Wanderschaft gehen

Wird es ganz wild und stupst mich dauernd an
Weil ich ohne es nicht so gut sehen kann.

Mein inneres Auge ist nur eins, nicht zwei
Aber damit sieht es so viel wie drei.

Das innere Auge gibt niemals Ruh
Die deutsche Sprache benutzt es immerzu.

Selbst die Sprache der Dichter macht nicht halt
Vor des inneren Auges magischer Gestalt.

Ich lernte als Schüler von meinen Lehrern:
Benutze sie nie, diese Metapher von Straßenkehrern –

Der Künstler spricht

Im Urlaub in der Ferienvilla
Hatte er als Serienkiller
Das Meuch- und Metzeln seiner Lieben
Bis hin zur Perfektion getrieben.

Gefragt, durch welchen Dreh das Morden
Ihm denn so toll zur Kunst geworden
Erklärte er mit leichtem Lachen:
"Ich wollte was mit Menschen machen."

Trübe Stimmung

28

Ich stehe an der Bierbar.
Ich bin nicht manipulierbar.

Ob Wahltag ist, ob Muttertag
Oder Martin-Luther-Tag

Und geht's mir nicht besonders:
Da stehe ich, ich kann nicht onders –

Ein Mensch

Der Mensch wird ganz schnell rot.
Und er heißt Eugen.
Er ist vom Reim bedroht.
Und zwar extrem.

Ein Mensch namens Eugen Roth
Ist schon ziemlich lange tot.
Er begann als wilder Expressionist
Aber seine spätere Lyrik bekannter ist.

Ein Mensch namens Eugen Roth
Traf den Menschen Heinz Erhardt.
Mensch Eugen, Du Idiot
Sagte Heinz, Du trägst ja jetzt Bart.

Ja, Gedichte von E. Roth haben so`n Bart.
Aber der Bart ist ganz zart.
Manche tun gerne richtig drin wuscheln
Und lauschen wie seine Verse tuscheln –

Vier Limericks

Es war eine Frau aus St. Pauli
Die hatte ein spitziges Zweitknie.
Das schraubte sie plötzlich ab.
Dann sagte sie papperlapapp.
Das war der Moment, als ich aufschrie –

Ein Autofahrer aus Kleinmachnow
Der schaute nie auf den Tacho.
Er hat manches Tier gerissen
Hat auch Menschen auf dem Gewissen.
Er fährt nun mal gern mit Karacho –

Die Elisabeth aus Eichstätt
War immer mehr als nur nett.
Sie suchte ständig nach Männern
Nach erfahrenen Frauenkennern.
Natürlich hatte sie auch ein Bett –

Es war eine Witwe aus Emden
Die trug nur durchsichtige Hemden.
Man sah ihre prallen Formen
Den Busen, den ganz enormen.
Sie liebte es, ihn zu verwenden –

Sechs Verse nur für Männer

Nach einem Bad im Bodensee
Taten dem Dichter die Hoden weh.

Deshalb empfiehlt er den Lesern, den feigen
Über den Bodensee besser zu reiten.

Doch auch das Reiten reizt das Gemächte.
Der Bodensee ist niemals das Rechte –

New York

Er sah nachdenklich aus und irgendwie besoffen.
Die Straße war dunkel, aber paar Handys leuchteten
Und auch die Geschäfte, aber keins war mehr offen.
Dampf aus Gullys, denen auch Ratten entfleuchten.

Es war in New York, in einer kleinen Querstraße.
Der Mann aus Zeile eins, das war vielleicht ich.
Uns tränten die Augen, uns tropfte die verstopfte Nase.
Wir fürchteten uns vor einem Schlag ins Genick.

Denn das Dope war uns nicht besonders gut bekommen.
Wir waren auf der Flucht Richtung Ramada-Hotel.
Dort wachte ich später auf, kaum mehr benommen
Denn in New York vergeht alles immer ganz schnell –

Aus dem Geschäftsleben

Ein Arzt, der Junkies ohne größere Umstände
BtM-Rezepte ausstellt, wird *Rezepttunte* genannt.
Sie schüttelten sich zum Abschied die Hände
Dann ist er stracks zur Rosgarten-Apotheke gerannt.

Der Apotheker kuckt immer ziemlich verblödet
Auf das Rezept, als sei es nicht wirklich echt.
Wenn er das Geld kassiert, das geile schnöde
Rezitiert er innerlich Verse von Bertolt Brecht.

Damit kann ich das kleine Gedicht beschließen.
Wir ziehen uns aus dem Geschäftsleben zurück.
Die Leutchen haben Gewinn gemacht, keine Miesen.
Zum Glück –

edition imme

Peter Salomon
Leichtes Gepäck
Books on Demand, Norderstedt
ISBN 9783757824792

Peter Salomon / Wolfgang Brenneisen
Nonsenf
Books on Demand, Norderstedt
ISBN 9783756207015

Wolfgang Brenneisen
Deutschland. Ein Dichtermärchen
Books on Demand, Norderstedt
ISBN 9783759785398

Wolfgang Brenneisen
Ein Lyriker packt aus.
Ansichten, Einsichten, Bekenntnisse
Books on Demand, Norderstedt
ISBN 9783759777669

POETRY
EXIT